Quelques Mots au Vent

Poèmes de notre temps

Laurent de Coudenhove

© 2018, Laurent de COUDENHOVE

Édition : BoD – Books on Demand,
12/14 rond-point des Champs-Élysées, 75008 Paris.
Impression : BoD - Books on Demand, Norderstedt, Allemagne

ISBN : 978-2-322-14423-5

Dépot légal : Juillet 2018

Mon cœur, ce matin, à moi s'est rappelé
Il est tellement discret que je l'avais
oublié
Ses battements, je m'y étais habituée
Je ne les entendais plus, mais ils étaient

Merci mon cœur, tu me fais vivre

Mon cœur, ce matin m'a instillée
Une parole qui a touchée.
Mon amie qui était blessée
En a été toute réconfortée

Merci mon cœur, Tu me fais parler vrai

Mon cœur, ce matin a frissonné
Devant un film à la télé
Et mes larmes ont coulé
Sans plus pouvoir s'arrêter

Merci mon cœur, tu me fais pleurer

Mon cœur, ce matin, est un vrai bout-en-
train
Il est léger comme une plume
On dirait qu'il a pris du volume
Et toutes les choses me paraissent bien

Merci mon cœur, tu me fais chanter

Mon cœur, ce matin a sauté un pas
Devant ce garçon qui passait en bas
Toujours là pour me prévenir
De mon futur en devenir

Merci mon cœur, tu me fais vibrer

Mon cœur, ce matin m'a réveillée
à côté de mon amant ensommeillé
Je l'ai regardé, me suis penchée
et du bout des lèvres l'ai embrassé

Merci mon cœur, tu me fais aimer

Mon cœur, ce matin m'a soutenue
Que j'aimerai quelqu'un plus que lui
Je m'en suis toujours défendue, et puis,
Un jour, ma fille est apparue

Merci mon cœur, tu me fais me surpasser

Mon cœur, ce soir, le dernier soir,
M'a dit : si tu as peur du noir
Viens avec moi, j'ai en mémoire
D'innombrables lieux à voir

Merci mon cœur, tu me fais espérer

Accompliss ement

Dans le monde d'avant,
non régi par le temps,
Deux êtres parfaits, se sont rapprochés
Et dans cette étreinte charnelle,
nul doute la plus belle
Ils sont encore collés,
pour toute notre éternité

L'Homme a semé, la Femme a récolté,
Et dans sa matrice, vaste conceptrice,
L'univers s'est organisé, celui qu'on croit
illimité,
Pour que de cette union, naisse l'Enfant.

Le soleil est l'ovule, primordiale cellule,
Qui fécondée, s'est mise à briller,
De toute sa vigueur, de tout son bonheur
D'avoir enfanté son premier né, l'Homme,
parfait.

Il y avait eu d'autres essais, mais ils
étaient mort-nés
Chacun s'était mis, dès sa sortie du nid,
Suivant sa volonté, à la place qu'il choyait
Mais ils étaient soit trop près, soit pas
assez

Tous pourtant, étaient restés constants,
Dans leur volonté, de toujours s'accorder
Dans ce principe majeur, qui veut que leur
cœur,
Soit cette lueur, source de leur bonheur

Il n'y en a qu'un, qui voulant faire son
malin
Après s'être éloigné, le plus loin de la
portée,
A même décidé de se décaler,
Son erreur, il en fait une valeur

Dans cette salle arrondie, L'Homme a poussé son cri,
Il a ouvert les yeux, et les a regardé, Eux
Sa mère si belle, son père avec son flagelle,
Et comme il était l'Amour, il s'est placé alentour

Dans sa pensée, vite se multiplier,
Dans les yeux de sa mère, il avait vu sa paire,
Déjà elle lui manquait, Il les a supplié
Et tous accolés, ils l'ont enfanté.

La Femme était née, L'une des bienfaits,
Et si l'Homme était né, de ses parents chapeauté,
Pour que la Femme soit celle qui est la plus belle,
Elle reçut des fées, trois assemblés, tout ce qu'ils étaient

En plus de l'ovule, déjà deux cellules.
C'est comme ça qu'on grandit, petit à
petit.
L'Enfant s'épaissit, il est l'Amour et la
Vie,
Quel bel être, que ce petit à naître.

Parlons de ces étincelles, celles avec leur
flagelle,
Qui pour le moment, parent le firmament,
Elles sont un bout de Nous, Nous en
ferons un Tout,
Et l'Enfant resplendira, de toutes ces
belles auras.

Lorsque l'Enfant naîtra, petit te
souviendra,
Que dans tes vies sur Terre, Tu t'es fait
pierre,
De la construction de Sion, son vrai nom ?
Si on pouvait obtenir le pardon.

Tes yeux

Assis autour d'une table, plusieurs assemblés,
Discussion animée, Je te regarde, comme d'hab.

Reine de la soirée, Tu trônes avec aisance,
Cette chaise pourrie n'enlève rien à ta prestance

Toute de naturel, Tu uses de ta grâce,
Et comme la mer, tu connais ta beauté

L'assemblée subjuguée, essaye bien de controverser,
Mais de tes clapotis, Tu les emmènes danser

Que n'ont-ils vu tes vagues, déferlantes,
Les jours où tu t'emballes, conquérante

S'ils te voyaient, sexistes et féministes,
S'accorderaient pour rehausser leurs critères

Et moi dans cette affaire, Je contemple,
J'exulte, Je compte les points

Ma douce, Mon aimée, Mon satin,
Mène encore grand train

J'ai pris le rôle de prince consort,
Devant tant de beauté, comment se révolter
Et s'accaparer le sceptre que l'on n'aura jamais

Mais quand elle me regarde, Je sais,
Que toutes barrières enlevées,
Je puise au fond de son âme
Une beauté jamais révélée
Dont je suis le reflet.

Un pion... Un roi... Grandis

En bas d'un immeuble de quartier,
J'attendais une fille,
c'est tout ce que je savais,

Je ne vous dirais pas pourquoi j'étais là,
Mais ce n'était vraiment pas pour ça,

Elle descendait,
j'entendais le bruit dans l'escalier,
la lumière qui s'allumait,
Et là, j'ai été saisi,
une voix dans ma tête m'a dit :
« C'est Elle »

Je ne savais pas à quoi tu ressemblais,
blanche, noire, petite ou grosse,
Cela n'avait pas d'importance.
Tu étais ma destinée, et je l'acceptais.

Entendre des voix dans sa tête,
Vous me direz, Vous y croiriez ?
J'écoutais bien tous ces casse-pieds,
qui m'emmerdaient,
avec leurs semi-vérités.

Alors, je t'ai aimée, par avance,
Et cet amour m'a submergé,
J'en avais une telle quantité...

Et puis tu es apparue, nimbée, fine,
altière, racée,
une reine, ça se voyait,
Je crois que je t'aurais aimée,
si ce n'était déjà fait.

Je ne savais plus quoi regarder, admirer...
ta beauté ? ta prestance ? Ton aura ?
J'aurais eu honte de moi, de t'aimer
comme cela.
On ne pouvait que vénérer.

Mais mon amour t'avait précédée.
Alors je le gardais, je m'y plongeais,
y cherchant la force de toujours t'adorer,

Car tu le méritais,
tu étais la vérité
que j'avais toujours cherchée,
l'Homme a une moitié,

Une pure incandescence,
froide, belle, lunaire et marine, aérienne
et pourtant si terrienne,
humaine.

Moi, j'étais petit, tout petit, plus petit.
Un pion,
le pion, amoureux de la Reine.

Vous avez déjà vu un pion devenir Roi ?
Et bien ce soir là, ce fut moi.
Rien qu'un soir, juste pour toi.
Le Royaume était en joie.

Nous avons marché,
nous avons parlé,
tu m'as reconnue,
je t'ai plu,

Et puis le soir est passé,
de carrosse en citrouille, je suis repassé,
petit, tout petit redevenu,
Depuis je ne cesse, sur des échasses de
monter, mais ce n'est pas assez, pour
retrouver la royauté,

Mais je me le suis promis,
Un jour, pour toi, je serais Roi

Pourquoi ?

Pourquoi entends-je tant d'émois, de cris
et de débats,
De la part d'enfants en proie à un malaise,
un mal-être,
Qui ne devrait pas être. Pas à leur âge ;
Pas autant de cas.

On me répond adolescence, hormones,
questionnement,
Mais je crois que l'on me ment, que ce
dérèglement est plus profond
Que l'on a perdu l'enfant dans des jeux
de grands
Que notre société, avec son tout dire, n'a
fait que les étourdir.

Chancelants, parce que pas encore assez
grands,
Comme des soldats-enfants, ils doivent
déjà faire leurs armes,
Parce que trop vite au fait, agressés
d'informations, au courant,
Ils se disent faisons, il n'est que tant, à
14 ans, d'être un géant.

Alors, ce n'est qu'assauts D'alcool, de
drogue, de sexe et de violence,
Désorientés, ils s'y enfoncent, Où sont les
contes de fées,

Dans cette société, on le sait, tout n'est
que répugnance,
vous nous l'avez montré, à la télé, aux JT,
dans les pornos que vous matez,

Nous, on veut faire comme les grands...
Mais les grands ne sont qu'inconséquence.

Et comme l'on a pas leur carapace,
forgée à coups de désillusions,
Que l'on croit encore à Cendrillon,
que la vie l'on embrasse,
Suivre leur chemin, Ah les malins, ils nous
en font l'article,
Tout en disant, carré blanc, cette vie
n'est pas tout public.

Alors, Enfants, restons sur la lice, les
grands enfants ne savent pas ce qu'ils
font,
Et tout ce délice qu'ils vivent n'est que
malice, à la corde tout n'est que désordre,
Moins de chemin à faire, mais rien que
pour se perdre, à peine le temps de prier
que leurs enfants soient épargnés.

Allons z'Enfants, ils vous font confiance.

De paille et de poutre

Les gens sont rigolos. Toujours à se faire
valoir,
Se basant sur leurs victoires, ils ont font
toute leur gloire,
Omettant au passage les défaites, bien
cachées dans le noir.

Alors on n'aura jamais :
Moi je fais ci, moi, je prends ça,
Mais on aura plutôt :
Quoi ? tu fais ci, ? Quoi, tu prends ça ?
Prend exemple sur moi !
Ces défauts ne passeront pas par là !

Le fumeur qui te dira que la cigarette
n'est pas de trop,
Mais te convaincra que l'alcool, ça fait
bobo.
Le sportif averti, au loin tous ces défauts,
Son corps sculpté, s'adonne à la chasse
aux ados.

Mais les défauts, c'est un mot pour les
autres,
Les vices pour eux, Plaisirs pour les
nôtres,
Et dans notre société, ce qui est rigolo
C'est le paraître qui a le dernier mot.

PERMIS DE VISITE

Dans sa prison de papiers, Un jeune
homme attendait,
Le jour, il le voyait, à chaque visite de son
aimée,
Et entre d'eux ? Comment s'alimenter ?

L'air, l'eau, le feu qui au dehors
s'emmêlent,
Toi, mon aimée, dans tes cheveux les
mêlent,
En fines nattes tressées, cachés, serrés,
Crinière bouffante à chaque fouille, vaine.

Et moi, je me repais de ton image, de ta
beauté,
Qui seuls ici, me font rêver, Tu
m'apportes en cet été,
Des parfums de liberté, cette liberté que
tu me promets
chez toi de ne plus posséder. Tu t'es liée.

Petite fleur, dans sa cage, le serin, à l'été,
se met à pépier,
Succédané que tu m'apportes, contrite, de
ne plus donner,
Petites joies économisées, parce que tu
n'en as déjà pas assez,

Mais ce matin, mon aimée, Tu es venue
transformée.
A l'écuelle, tu m'as donné, tes cheveux
illuminés,

L'espoir en toi, a été conquis ; Quelqu'un
là-bas, t'a TOUT donné ; gratuit.
Et toutes les indulgences accumulées,
papiers tombant en poussière,
D'une mine de poussière, en a fait, mer,
terre, ciel, et pierre.

Petit vers, dans ta maison de lumière,
traverse le papier,
Et de ton écriture déliée, inscrit en
lettres, de feu le passé,
gratte l'épitaphe : "Repose en paix", et
apprend à barrer,
de tes textes les "ne que". On peut rêver.

Deux mots,

Parle-moi de ta beauté, de tes effets,
De tous ces matins, où le soleil vient,
Et dans tes yeux, secs d'hiver, se mettent
à perler,
Doux poèmes prismasés, décomposés en
mille effets,
Le bonheur de ton cœur, Aimer.

Et toute la journée, yeux bariolés,
tropicale forêt,
Aras enchantés, se posant sur l'épaule des
passants,
Tu met de la gaieté, petite fée, ton cœur
patient, passion,
Dans tes yeux remonté, deux perles pures,
avaient toujours brillé.

Tous tes regards, posés, du temps de
l'espoir, s'illuminer les touchers,

Car c'est trop vrai,
économe à souhait, ne rien jeter,
D'un travail zélé, à rétroactivité,
tout valider,
car on le sait,
Des yeux d'amour se sont posés,
Poussière de fée, sur les passants pressés.
S'illuminer les touchers.

Don d'inspiration

Pour un don d'inspiration réussi, voilà les
ingrédients :
d'abord prendre un grand in, vidé
d'émotions, c'est important.
Trouble et désarroi contaminent sinon les
parois. Ce sont d'anciennes
jolies petites pensées d'amour que l'on a
engrangé pour soi.

Elles volaient...
libres dans le vent,
attendant leur destination,
mais on les a prises pour des papillons.
Dans notre filet,
et direct dans notre in.
On la veut cette émotion,
Ce joli garçon, Cette belle maison.

Émotion détournée fait son chemin..
son chemin dans une autre sein,
Elle ne retrouve rien, elle se perd, ne sait
où donner,
donne du riz ?, Non... Donne du rien,
Petit feu enflammé, quelque peu
chatoyant,
qui s'éteint dans le souffrant,
trouble et désarroi.

Et on dit, un de perdu...
Déjà pas le sien cependant.

Non dans un bon in, on ne retrouve pas
d'émotions,
On les a donné depuis longtemps,
A chaque fois qu'un papillon passe,
On se dit : celui-là aussi dans notre nasse,
Et pêcheur, revenant avec la marée, on en
fait la criée au marché,
Le client vient, il prend le sien, on donne
gratuit, pas le sien.

Le sien... ? Papillon chamarré, on
s'empresse de quitter la pêchée,
Pour courir au marché, le présenter.
On le trouve si beau, il va faire plus d'un
heureux.
Le soir venu, époumoné d'avoir crié, on dit
bon,
tu n'es à rien,
Viens je n'ai rien. Tu seras mien.

Pour le spir, vous allez me dire c'est pas
coton.
Il tousse dans les religions (Spiritus), il
est à elle (spirituel),
et on ne parle pas
de spiritisme qui s'amuse à faire pleurer
bébé.

Pour le spir, c'est les yeux marins,
larmes d'émerveillement, soleil du cœur
resplendissant,

rayons traversants,
arc-en-ciels éblouissants,
parlons enfant.

Alors pour le Sion, il y a deux méthodes,

on le lie, on le fouette,
ça c'est pas Babette,
Violation, Agression, gens pas (con - tend -
sion), ou pas la leur :
vas-y, fouette, j'te prèt

Ou alors, faire partie de la bande à con-
tend-à-sion.

Après ce n'est qu'un tour de main, une
belle act sion,
un rendu Aime Haut Sion,
La vérité avec Pa Sion,
et c'est prof fusion :
muse d'except sion,
rattrapée par son don.

MAR ELLE

Petit bambin marche à cloche pied,
Ne sachant où poser les pieds,
Il a décidé de n'en poser qu'un.

Il sait que l'allée est miné,
Mais qu'il lui faut avancer,
Sa maison est au bout du chemin.

Économe, tous ses sous, il a mis
Dans ce pied levé, à l'abri.

Boum...

Petit bonhomme sur le chemin
A repris son destin en main.
Il saute, il avance, à cloche-pied

Les gens sourient de le voir marcher ainsi,
Mais chacun ses soucis, l'un cloche-piète,
D'autres se démènent aussi.

Son pied levé, il avance,
Là où il a mis toutes ses espérances.

Boum…

Petit Homme sur le chemin avance,
Lune et Soleil se sont levés, intenses,
Il voit mieux où il met son pied

Boum ? Non, avance

Aux drôles de dames,

Chacun son cercle, chacun sa table,
Mais les jeux sont faits,
Héroïnes, Aventurières,
A genoux mais pas à terre,
N'ont point pliées, Se relever.

Guerrières au sein nu,
Peint en bleu cru,
Neytiris quand on sait vous parler,
A l'Amour vous donnez.

Debout Amazones farouches,
Du bleu cru, on vous donne le marine,
Et dans les nuances de l'océan,
Vos palettes trempées, vos pinceaux
pointés,
Et vive la liberté.

Que ne suis-je..

... capable de dire non, à un ami, à
n'importe qui,
capable de ne pas donner, tout ce que j'ai,
sur un simple s'te plaît,

... capable de donner ma vie pour "mon"
pays,
capable de la sauvegarder au mépris des
amis,

... capable d'aller prier dans un lieu
consacré,
capable d'oublier que la Vie et l'Amour
sont vrais,

... capable de fermer mon cœur aux cris
de malheur,
capable d'exulter pour un nouveau Range-
Rover,

... capable de me dresser sur la pointe des
pieds,
capable d'écraser le nain d'à-côté,

... capable de maudire le ciel... et puis de
vous laisser,
capable d'apprécier les princes du
merdier,

... incapable d'aimer.

J'avais sublimé
et l'Amour et les êtres
J'avais sublimé
pour être

J'avais sublimé
pour connaître
Je me suis réveillé
et peut-être